# ACTUALITÉS POLITIQUES

PAR LE COMTE

## PIERRE DE MOUCHERON

AVEC UNE LETTRE DE M. DE MARCÈRE

PARIS

TYPOGRAPHIE DE E. PLON, NOURRIT et Cⁱᵉ

8, RUE GARANCIÈRE

1891

# ACTUALITÉS POLITIQUES

---

PARIS, TYPOGRAPHIE DE E. PLON, NOURRIT ET Cⁱᵉ, RUE GARANCIÈRE, 8.

---

# ACTUALITÉS POLITIQUES

PAR LE COMTE

## PIERRE DE MOUCHERON

AVEC UNE LETTRE DE M. DE MARCÈRE

## PARIS

TYPOGRAPHIE DE E. PLON, NOURRIT ET Cⁱᵉ

8, RUE GARANCIÈRE

1891

# LETTRE DE M. DE MARCÈRE

SÉNATEUR, ANCIEN MINISTRE DE L'INTÉRIEUR

## AU COMTE DE MOUCHERON

MONSIEUR,

En me communiquant l'épreuve de votre brochure, vous me demandiez discrètement mon opinion sur cet écrit. Il m'est d'autant plus facile de vous la donner qu'elle vous est entièrement favorable.

Vous l'avez écrite, cela se voit sans peine, non sous l'inspiration d'un moment, mais comme étant le fruit de longues réflexions et d'un travail personnel, dont on trouve, à chaque ligne, la trace et la preuve.

Vous n'aviez pas attendu les manifestations qui se sont produites dans le parti conservateur, ni l'initiative du cardinal Lavigerie ; et je vous rends ce témoignage, que vous êtes un précurseur.

Vous vous êtes, il me semble, proposé deux buts.

D'abord, vous avez voulu exposer les idées que vous vous faites de l'état intérieur du pays au point de vue de la politique, et des raisons historiques qui expliquent sa

situation actuelle. Vous avez fait cette étude sans parti
pris, sans préjugés et sans illusion ; avec une grande bonne
foi et avec un vrai détachement, sauf en ce qui concerne
l'intérêt de la France. Vous avez échappé, par là, à un
mal assez commun, dont sont frappés beaucoup d'hommes
de ce temps-ci, qui se livrent à des travaux rétrospectifs
et de comparaison ; j'entends le mal du scepticisme.

Tant d'idées remuées depuis cent ans, et qui se détrui-
sent l'une l'autre ; tant de principes affirmés, contestés,
reconnus faux ou dont les conséquences ont été outrées ;
tant de régimes politiques élevés, détruits, puis relevés,
et laissant après eux des colères, des déceptions et des
intérêts lésés ; tant de palinodies et d'impudence dans la
palinodie ; tant d'espérances déçues, d'illusions géné-
reuses évanouies ; tant de desseins grandioses avortés ! Il
y a bien de quoi ébranler les convictions les plus fortes,
et troubler les esprits les mieux trempés. Les seuls qui
résistent sont ceux qu'anime jusqu'à la fin et sans déses-
pérance l'amour du pays. C'est là le noble sentiment qui
vous a inspiré ce travail, et qui, comme conclusion, vous
fait dire quelque part : « C'est donc l'heure pour les
hommes nouveaux d'entrer en scène. »

Et telle est en effet la seconde préoccupation qui vous
a guidé dans cet ouvrage. Il s'agit pour vous, pour les
hommes de votre condition et de votre âge, de tous les
bords, des plus lointains surtout, il s'agit d'entrer en
scène, et de prendre votre place dans les affaires du pays.

Ce que j'ai fait, il y a vingt ans, ce que d'autres ont fait
comme moi, vous jugez le moment venu de le faire à
votre tour. C'est une grande joie, et qui ranime nos espé-

rances, de voir de nouveaux champions reprendre en main la cause que nous avons défendue. Et l'heure est favorable.

Vous y incliniez depuis longtemps. Votre esprit avait, par l'étude et par l'observation des faits, accompli cette œuvre de conviction, nécessaire pour quiconque ne se jette pas à l'aventure dans la politique, et uniquement par besoin de mouvement ou sous l'empire de mobiles intéressés. Non, vous rendez admirablement compte des causes profondes qui ont miné, définitivement sans doute, dans notre pays, — et peut-être ailleurs, — les régimes monarchiques, et qui rendraient toute restauration impossible ou caduque.

Vous approuvez rétrospectivement l'initiative prise par M. Thiers, M. de Rémusat, M. Dufaure,—à qui s'adjoignit un homme que vous connaissez bien, et dont on disait le *sage* Lambrecht, lorsqu'ils entreprirent de relever la France de ses désastres en la constituant à l'état républicain. Vous avez discerné exactement les fautes commises par le parti républicain proprement dit, qui prit le pouvoir avec M. Gambetta en 1879. Vous êtes indulgent pour les erreurs, tout en les notant sans faiblesse. Et après avoir considéré toute chose, vous vous dites : Eh bien ! oui, la Royauté a eu ses grandeurs associées à celles de la France : elle a eu nos respects et nos attachements, mais, parmi nous, elle est morte, dans les éléments essentiels qui la constituent; elle n'a plus même ce dont elle ne saurait se passer : la foi et l'attachement du peuple. Les idées jetées dans le monde, les événements qui l'ont secoué depuis un siècle, ont tellement bouleversé

les intérêts, les hommes et les choses, qu'il n'y a plus
rien de possible, rien qui puisse être accepté par la raison
générale, et indiscuté, rien qu'un régime impersonnel
qui permettra à tout le monde de servir la patrie comme
elle veut être servie, et de servir en même temps les
grandes causes qu'elle ne saurait déserter sans déchoir.

La chose de la patrie est la chose commune. Tous y
doivent travailler. Il n'est permis à personne de se sous-
traire au labeur que réclame la France. Si ceux qui la
conduisent la servent mal, c'est un devoir de se substituer
à eux pour l'arracher à des guides funestes. Mais il faut
pour cela qu'elle accepte vos services. Et elle ne le veut
désormais que si vous acceptez vous-même le régime
politique qu'elle a adopté, et qui est, en effet, le seul
qu'elle pût adopter raisonnablement.

Servir utilement la France est le premier motif qui
doit amener tous les Français à accepter résolument la
République. C'est là, dit-on, une raison de sentiment :
mais si c'est pour la déprécier qu'on l'appelle ainsi, on se
trompe fort. Le sentiment qui porte les hommes à aimer
leur patrie est inspiré par des motifs très positifs, et n'est
pas une pure idéalité. Lorsqu'on dit : *Ubi bene ibi patria,*
on donne à cet adage un sens très erroné, si on lui donne
cette signification : que partout où l'on est bien, on trouve
la patrie. Non : l'adage est vrai, mais dans ce sens seulement que l'on n'est vraiment bien que dans sa patrie.
Elle est le seul lieu du monde où l'homme se sente vivre
vraiment, avec les traditions et avec les espérances de sa
famille, dans le passé de sa race et dans ses aspirations,
avec l'ensemble des avantages et des jouissances morales

que lui donnent les lois, les mœurs, les institutions, les manières de vivre, et l'éclat rejaillissant du pays.

J'ai toujours pensé que les hommes de votre condition manquaient à la France et se manquaient à eux-mêmes quand ils se sont tenus à l'écart des services publics. Ils faisaient du tort à leur pays, qui a besoin de toutes les forces que peuvent lui prêter, chacun dans sa sphère, les citoyens. Ils apportaient leur contingent précieux de traditions, de sentiments élevés, de dévouement teinté de chevalerie : ils auraient pu servir de contrepoids aux entraînements des masses populaires, contre lesquelles ils ont eu bien tort de chercher une protection dans la constitution de pouvoirs forts ! Ils ont pu juger de la sûreté de cet abri qui, en s'effondrant, a laissé par deux fois la France mutilée, et toutes les forces sociales désemparées.

Puissent ces dures expériences les avoir éclairés tous, comme vous, et leur avoir fait comprendre qu'ils ne peuvent plus compter que sur eux-mêmes ! Et comment pourraient-ils, en effet, faire prévaloir leurs justes revendications, s'ils ne se servaient pas des seuls moyens que notre état social et nos institutions mettent à leur portée ? Après la France, c'est donc d'eux-mêmes qu'il s'agit. Pour n'avoir pas maintenu leurs positions ; pour avoir laissé passer à d'autres l'influence qui va aux pouvoirs établis et aux hommes qui ont su gagner la confiance du suffrage universel ; pour avoir abandonné le rôle qu'ils avaient tant d'intérêt à jouer dans la société telle qu'elle est sortie de nos révolutions, et qu'aucun n'est de taille à modifier, ils sont réduits aujourd'hui à l'état de défense.

On ne leur épargne pas les avertissements. C'est une nouvelle nuit du 4 août que l'on réclame, et dans laquelle ils sont sommés de faire abandon de leurs droits, des droits qu'ont tous les autres, sous prétexte qu'ils ne sont pas de la doctrine. Ce ne sont plus des privilèges qu'ils devront apporter sur l'autel de la patrie ; c'est leur personnalité même. Les libertés conquises, l'égalité ne sont pas faites pour eux : ils sont sommés de se soumettre à la domination de ceux-là qui, seuls apparemment, sont les héritiers, les interprètes et les bénéficiaires de la Révolution française. Ce n'est pas avec un grand empressement, vous le voyez, qu'on leur fera leur place. Mais est-il de mode parmi vous que l'on rende les armes avant d'avoir combattu ?

A de hautaines prétentions, vous, et d'autres après vous, vous répondrez par l'affirmation de votre droit, et par l'usage des libertés publiques, dont l'utilité apparaît si clairement à ceux qui acceptent résolument les conditions de la vie publique telles que notre histoire les a faites. Tout vous y convie : la France, votre intérêt ; et du haut du Saint-Siège la voix du Pape fait entendre leurs devoirs aux conservateurs français. En mettant au service du pays les convictions qui les animent, les principes auxquels ils sont attachés, les conservateurs défendront non seulement leurs foyers, leurs droits les plus chers, leur foi, mais encore la société même, puisque leurs principes et leurs croyances sont le plus ferme appui de la société française, le principal élément de la paix à l'intérieur et de sa grandeur au dehors.

Qu'ils entrent donc dans la carrière, et qu'ils suivent

votre exemple. Un gouvernement bien inspiré leur rendra leur place dans les emplois publics, auxquels tous les citoyens sans distinction ont des droits égaux ; et surtout le suffrage universel, leur rendant sa confiance, leur permettra de défendre leurs idées, leurs opinions, leur cause enfin dans les assemblées politiques.

A quelles conditions cela se pourrait-il faire ? Vous l'avez dit. Ce sera à la condition de ne pas troubler vous-mêmes la paix publique en fomentant des révolutions nouvelles ; à la condition de prouver par vos actes que vous n'êtes pas séparés du reste des citoyens, et que vous avez adhéré sincèrement à l'ensemble des principes politiques qui constituent, dans la vie civile, le domaine moral de la France.

Recevez, Monsieur, etc.

E. DE MARCÈRE.

Messei (Orne), 24 mars 1891.

# ACTUALITÉS POLITIQUES

L'avenir est aux plus sages.

A. THIERS.

Lors des dernières élections législatives, les conservateurs et les républicains, avec un ensemble aussi touchant qu'exceptionnel, s'engageaient hautement, dans leurs journaux et dans leurs professions de foi, à tenir compte de la volonté pure et simple du peuple. Suivant, disaient-ils, que le suffrage universel se sera prononcé dans tel ou tel sens, nous nous inclinerons sans amertume devant son arrêt ; nous modifierons à son gré notre politique ; nous suivrons le chemin qu'il nous aura tracé.

La France a parlé sans donner gain de cause aux uns ni aux autres. D'une part, elle a imposé le maintien de la forme républicaine ; de l'autre, elle a indiqué qu'elle exigeait impérieusement un changement radical dans la politique jusqu'alors suivie. Et pour mieux souligner sa pensée, elle a laissé sur le carreau le chef même de cette politique. Elle veut avant tout la stabilité, l'apaisement, la liberté.

1

On lui a répondu, à gauche, par une continuation de tracasseries, de laïcisations, d'invalidations.

A droite, par une nouvelle levée de boucliers, et tout le bruit mené autour de l'équipée du duc d'Orléans.

L'heure paraissait venue pourtant d'un changement général d'attitude, d'une scission complète entre les anciens groupes, d'une pression intelligente de tous les gens d'esprit en faveur d'un retour à la modération.

Actuellement encore, le gouvernement semble sortir d'un cauchemar : il oscille entre les partis, hésite entre un mouvement plus prononcé à gauche et une tentative de rapprochement vers les centres. Ici comme là, il trouve des ennemis, ou, qui pis est, de faux amis. Ce sont bien les radicaux qui ont inventé Boulanger ; mais ce sont bien les conservateurs qui ont failli s'en servir. Vaincus ensemble, ces deux partis offrent une trêve au pouvoir avec un égal cynisme ; et celui-ci, dans la crainte de revoir d'aussi mauvais jours, n'osant pas prendre hardiment pied sur ce sol encore mouvant, compose ses conseils d'éléments trop disparates pour produire la stabilité.

Un homme incarne ce pouvoir incertain. Il en est l'image et le type. Esprit décevant, insaisissable, il semble prendre à tâche de déconcerter toutes les prévisions, de déjouer tous les calculs. Représentant l'élément modéré dans les cabinets radicaux, il devient l'agent radical dans les cabinets modérés, tant est subtile sa pensée et merveilleuse sa faculté d'assimilation. Cédant ici à la pression de l'opinion conservatrice pour le choix d'une personne ou l'expression d'une idée, il déclare aussitôt après ne pas vouloir retrancher une ligne aux lois les plus draconiennes; et dans cette situation inextricable, il ne s'égare pas un instant. Civil, il dirige avec autorité le département de la guerre, et, chose incroyable, ce sont les officiers qui en disent le moins de mal. Apercevant ses fautes avant tout le monde, à temps pour en éviter les conséquences, il change constamment de tactique sans paraître se dédire jamais. Équilibriste hors ligne qu'on croirait venu d'au delà des Alpes, cachant une réelle énergie sous une apparente faiblesse, on ne sait qu'admirer le plus en lui de sa souplesse ou de son aplomb.

Oui, ce portrait de M. de Freycinet, c'est bien celui du gouvernement. Mais M. de Freycinet ne durera pas toujours : après lui nul ne l'égalera dans cet art de la pondération qu'il a porté chez nous à l'apogée. Retiré dans son hôtel ou installé à l'Élysée, il laissera avant peu à un autre le soin de nous conduire, et celui-là devra prendre un parti.

C'est donc l'heure pour les hommes nouveaux d'entrer en scène : pour ceux qui, n'étant compromis dans aucune des précédentes aventures, ne risquent pas d'être accueillis par le *Timeo Danaos* qui attend souvent les convertis ;

Pour ceux qui, ayant suivi les événements des dix dernières années en observateurs, en juges et non en partisans, ont pu s'instruire, s'éclairer, et ne risquent pas de tomber dans les erreurs de leurs devanciers ;

Pour ceux enfin qui, au moment d'atteindre l'âge mûr, cherchent à prendre nettement position et à jeter solidement les bases de leur vie politique.

Je suis un de ceux-là : il m'est permis, à ce titre, d'examiner la situation et de chercher à la comprendre, à tenter de la faire comprendre à ceux qui l'envisagent moins clairement.

Qu'un enfant prenne une longue-vue : suivant qu'il la tournera d'un bout ou de l'autre, il apercevra l'éloignement extrême ou la confusion d'un excessif grossissement. Un homme la mettra d'abord à son point. Que d'hommes sont encore enfants dans la longue-vue politique !

La transformation prochaine des partis apporte à toutes ces questions un regain d'actualité : c'est ce qui m'a donné l'idée de réunir ici en brochure une série d'articles où j'exprime toute ma pensée. Je n'ignore pas ce qu'il m'en coûtera. J'attirerai sur mon front les colères des conservateurs, car les amitiés mondaines ne résistent guère à une épreuve de cette nature ; et malgré l'encouragement bienveillant du plus spirituel de nos ministres, je crains fort d'être accueilli de l'autre côté avec défiance et froideur.

« Ce bloc enfariné ne *nous* dit rien qui vaille ! »

murmureront les frères et amis qui se piquent de littérature.

Mais qu'importe après tout, et à quoi servirait l'indépendance sinon à faire à sa guise ? Ces pages ont le seul mérite d'être sincères, et écrites par un homme qui à l'amour de la France, que nous avons tous, joint celui de la paix et de la liberté.

# I

Si la parole publiquement donnée fait à tous les hommes politiques une obligation inéluctable de modifier leur conduite, de renoncer à leurs espérances, de se soumettre à l'arrêt prononcé, faut-il absolument le déplorer? Y a-t-il lieu vraiment de gémir sur les régimes disparus? Avaient-ils donc encore quelque mission civilisatrice à remplir parmi nous? Nous réservaient-ils, enfin, de nouveaux jours de gloire et surtout des jours de bonheur?

On s'en rendra compte en examinant successivement les formes de pouvoir qui se dressent contre la République, et qui sont au nombre de trois : la Monarchie, la Dictature et l'Empire.

L'Empire n'a été qu'un épisode offrant aux yeux étonnés des alternatives de splendeur et de désastres sans exemple; mais, quoique représenté par deux empereurs[1], il ne saurait entrer aujourd'hui en ligne

[1] On ne devra pas perdre de vue, au cours de ce travail, qu'il est écrit depuis trois mois.

de compte. Ses partisans désemparés invoquent tour à tour l'hérédité, l'appel au peuple ; et comme si ces deux propositions n'étaient pas suffisamment contradictoires, ils nous offrent, comme exemple de discipline et de légitimité, un fils qui veut régner à la place de son père.

L'essai de dictature esquissé par le général Boulanger, grâce à l'appui de tous les mécontents, n'a pas été assez heureux pour tenter de longtemps quelque autre amateur. Il faut, pour jouer ce rôle, un tel ensemble de qualités, un tel concours de circonstances, des hommes si décidés, une heure si précise, qu'il ne semble pas que notre fin de siècle doive revoir une agitation de cette nature.

Reste donc seule debout la monarchie française. Pour bien apprécier sa valeur, il importe d'étudier un moment son état historique, ses forces, ses chefs.

Et d'abord, il faut ignorer complètement l'histoire ou en oublier à dessein les enseignements les plus éloquents, pour conserver quelque illusion sur la ruine de la royauté ou en confier le rétablissement à la famille d'Orléans.

A partir de la fin du règne de Louis XIV, la monarchie, parvenue sous ce prince à son apogée, décroît sans discontinuer. Chose singulière ! c'est aussi à dater de ce temps que la branche d'Orléans se développe parallèlement et attente, en toute occasion, au prestige de la branche aînée. Louis XIV laisse la nation écrasée par la guerre, mutilée par les proscriptions, impatiente du joug depuis qu'elle le sent ruineux. Les hommes sont usés, le trésor vide, tous les ressorts forcés par la violence de la tension, et dans cet immense cadre d'État il ne reste pas d'autre institution que le hasard du génie [1].

Louis XV arrive : les symptômes augmentent; l'instabilité est partout. « On donne à chaque ministre, l'un portant l'autre, six mois de règne [2]. » Les finances ne se soutiennent que par la faillite. La politique envahit les camps,... la discipline se perd [3]. La corruption est à son comble et prépare la dissolution de la société.

Malgré l'éclat des premières années du règne de Louis XVI, malgré Turgot, Necker et Vergennes, la crise de la monarchie parvient vite, sous ce prince infortuné, à l'état aigu. La Révolution la frappe à mort, et il se trouve un Orléans pour l'y aider. Elle se relève, pourtant, et c'est encore un Orléans qui, en 1830, lui donne le coup de grâce.

Mais, ainsi que le remarque fort bien Louis Blanc,

---

[1] Albert SOREL, *L'Europe et la Révolution française,* t. I.
[2] Prince DIMITRI, Lettre citée par la *Revue critique,* 1884, n° 21.
[3] Duc DE BROGLIE, *Le secret du Roi,* t. I, ch. IV.

« par une merveilleuse dispensation de la Providence,
de ces deux dynasties en lutte, la nouvelle ne put
fouler aux pieds l'ancienne sans s'amoindrir elle-même
et s'abaisser... On ne fonde pas une dynastie en
enseignant aux peuples, du haut d'un trône, le mépris
des races royales [1]. »

Cependant les royalistes espèrent contre l'espérance : ils reportent leur amour sur le fils du duc de
Berry ; mais ils ne pourront lui faire un cortège
triomphal qu'autour de son cercueil. Les fidèles qui
se portèrent en masse à Goritz y ont vraiment mené le
deuil de la monarchie ; et, en voyant se coucher leur
prince dans son linceul fleurdelysé, ils assistaient cette
fois à l'ensevelissement de leurs dernières illusions.

Qu'a-t-on parlé d'héritage, de testament politique,
de successeur désigné ? Le baiser de Froshdorff,
c'était le pardon d'un chrétien, l'adieu d'un parent ;
ce n'était pas l'accolade d'un roi. Mieux eût valu
s'incliner devant l'arrêt du destin, et trouver une
consolation à la fin d'une glorieuse dynastie en la
voyant s'éteindre dans une pure et grande figure, qui
a forcé le respect de ses pires adversaires et mérité
que, sur son cercueil, flottât pour la dernière fois le
drapeau de Jeanne d'Arc.

---

[1] *Histoire de dix ans*, t. IV, ch. I

Les forces du parti monarchique sont impuissantes comme tout ce qui manque d'unité, de cohésion, et aussi, il faut bien le dire, de foi.

Les légitimistes, ralliés par discipline, sont tièdes et réservés. Cette attitude convient à des gens que la fatalité des circonstances oblige à renier leur propre doctrine et à combattre leurs principes les plus chers. Ils ne peuvent oublier que le génie de l'orléanisme est en contradiction flagrante avec leurs sentiments et leurs goûts. Comme le leur rappelle fort bien un jeune diplomate hollandais, dans un récent écrit de haute allure : « L'orléanisme, c'est une puissance de démolition et une impuissance d'ordre : son principe fondamental, c'est la révolte héréditaire contre le droit héréditaire, par des procédés napoléoniens[1]. »

Les orléanistes purs montrent plus d'ardeur et d'activité. A les entendre, leur succès est certain. Ils cherchent à se convaincre eux-mêmes, à s'étourdir peut-être, par le bruit qu'ils font à la moindre occasion. Il serait injuste de nier, d'ailleurs, que plusieurs sont des hommes de haute valeur qui honorent les lettres et les sciences, qui tiennent à la magistrature et à la société la plus choisie, qui, par leurs connaissances diplomatiques et leurs alliances de famille autant que

---

[1] A. DE DÆHNE-VARICK, *Une page d'histoire*, 1789-1889

par leurs traditions et leur honnêteté, seraient à même de briller dans les situations les plus élevées du pouvoir. Mais, en somme, lequel de leurs principes les sépare de la République?

Autour des représentants de ces deux principales nuances se groupe une foule de gens aussi malaisés à dénombrer qu'à classer même : indépendants de toute espèce, libéraux et catholiques sans préférences politiques, conservateurs et républicains dégoûtés, mécontents de toute couleur et de toute provenance, auxquels se joignent, il faut bien le dire, à certaines heures, les pires ennemis de l'ordre établi.

Mais si l'on a vu ces alliances scandaleuses, on a aussi constaté leur impuissance. Toutes ces forces réunies n'arrivent pas à balancer les forces républicaines. Y fussent-elles parvenues d'ailleurs que, dès le lendemain, elles eussent donné le spectacle de leurs divisions et d'un désordre supérieur à celui qu'elles voulaient arrêter.

Le comte de Paris est le chef reconnu de ce grand parti. Chacun rend justice à sa bravoure et à son caractère, mais les circonstances le réduisent à l'inaction. Il n'a pas fait preuve jusqu'ici d'une sûreté de main bien grande dans la direction qu'il a imprimée à son parti. Quel que soit d'ailleurs son talent, il n'en subit pas moins la loi fatale du *Delicta majorum;* il traîne après lui cette parenté de Nessus qui pèsera toujours sur sa destinée, et, quoi qu'il fasse, il ne s'en délivrera pas. Il faudrait, pour le ramener sur le trône, des catastrophes au moins égales à celles qui ont renversé l'Empire, et aucun politique sensé ne peut accepter la responsabilité de hâter cette pêche en eau trouble. Moins fortuné que les autres prétendants, ce n'est pas seulement par ses ennemis qu'il est trahi, mais par les plus éminents parmi ses parents et ses amis : « Rien dans les traditions de ma famille ne me sépare de la République », a dit le duc d'Aumale à ses électeurs. Et le plus grand écrivain royaliste ne craignait pas de faire entendre ces paroles : « La vérité est que, selon la rigueur du droit religieux, royal, et même simplement civil, la maison d'Orléans — nous sommes fâché de le dire — est entachée de forfaiture, et que ses princes, sans exception, ont perdu la qualité d'héritiers [1]. »

Ainsi partout le chef du parti royaliste trouve des obstacles et des déboires : de quelque côté qu'il tourne les yeux, il ne rencontre que la défiance et la tiédeur. Descendant d'une longue série de princes néfastes, il voit s'accumuler sur sa tête les malheurs qu'ils ont mérités. Voulant rétablir cette monarchie

[1] Louis VEUILLOT, *Univers* du 14 février 1872.

dont sa famille a contribué à précipiter la chute, ce
sera son expiation de ne pouvoir y parvenir malgré
ses mérites personnels; et les peuples verront dans
son impuissance un exemple frappant de cette justice
surnaturelle, dont les lois nous échappent, mais qui
finit par se faire jour au milieu des temps les plus
troublés.

## II

Après avoir passé en revue les différents régimes dont les ennemis de la République poursuivent le rétablissement, il n'est pas inutile d'étudier les forces républicaines elles-mêmes, de dégager nettement les trois groupes principaux confondus sous cette vague appellation : celui des modérés, celui des opportunistes et celui des radicaux, subdivisé lui-même en un nombre incalculable de sectes.

Par un rapide examen des programmes et des idées exposés par chacun de ces groupes, on se convaincra bien vite de la divergence absolue de vues qui existe entre eux.

Procédons d'abord par élimination, comme dans le précédent chapitre, et constatons sans tarder la défaite des opportunistes [1]. Déjà en 1885, ils avaient soulevé contre eux une imposante minorité : aux

[1] Je n'entends pas dire ici que les représentants de ce parti doivent disparaitre de la scène, mais seulement modifier leur politique. Tout le monde est d'accord là-dessus, y compris eux-mêmes.

élections dernières, la masse des électeurs s'est prononcée contre leur politique. Il faut l'avouer : jamais parti n'a eu plus beau jeu, plus belle occasion de popularité et de durée, et ne s'en est plus mal servi ; jamais gouvernement n'a semblé mieux prendre à tâche de s'aliéner, par des taquineries mesquines et d'inutiles défis, ceux-là même qui eussent été le plus portés à se rallier peu à peu à l'ordre de choses établi. Écoutez un ancien ambassadeur, ami de Gambetta : « Les dix dernières années compteront certainement parmi celles qui ont été les plus funestes à la France. Ces années ont préparé une catastrophe qui pourrait bien être la dernière. Le désordre étant dans tout et partout, aussi bien dans le gouvernement, les finances publiques, les administrations de l'État, les hautes et petites fonctions que dans les sentiments et les opinions politiques de la nation, restera-t-il encore assez de force et de courage patriotique pour refaire la France? Nous en doutons, *mais on doit le tenter*. Pour cela il faut rentrer dans la vérité et dans l'honnêteté surtout [1]. »

Voilà le bilan de la politique opportuniste. L'expérience de ce régime est faite, elle n'est plus à recommencer.

---

[1] Comte DE CHAUDORDY, *La France en 1889*, t. I, ch. IX.

Faut-il, pour le remplacer, aller aux radicaux? On l'a tenté avec M. Floquet, et l'épreuve a été courte. Devant le danger qui menaçait alors l'État, on a compris qu'il fallait d'autres hommes pour assurer le rétablissement de l'ordre et vaincre l'opposition déchaînée. Comment songer, d'ailleurs, à confier le pouvoir à un groupe auquel se rattachent les pires ennemis de tout ordre et de toute société : anarchistes, possibilistes, socialistes, communistes, et tant d'autres dont les aspirations insensées appellent la plus énergique répression ; que Gambetta menaçait naguère d'aller chercher « jusqu'au fond de leurs repaires [1] » ; que, plus récemment, M. Constans tenait en respect avec une vigueur dont nous devons tous lui savoir gré?

Avec des idées subversives et attentatoires au génie de la nation, telles que la mairie centrale de Paris, la dénonciation du Concordat, l'impôt progressif et tant d'autres conceptions provocantes, quel sort feraient-ils au pays [2]? On ne devrait pas oublier non plus,

---

[1] Discours de Belleville.

[2] Il faut conserver le souvenir de cette inénarrable séance, où un député radical a récemment proposé de supprimer l'ambassadeur de France près de *monsieur le Pape* (*sic*) : il ajoutait, dans un langage proportionné à son esprit, que ce fonctionnaire ne servait qu'à recueillir les *potins* du Vatican. Léon XIII, qui est le plus fin politique de son temps, a dû passer, en lisant les injures de ce mirmidon, un instant de douce gaieté.

dans les sphères gouvernementales, que leur succès est dû à l'appel qu'ils font sans cesse aux plus mauvaises passions populaires, et que c'est leur exigence, leur ostracisme, leurs imprudences et leurs abus qui ont fait naître, sous les pas de la République, le seul danger sérieux qu'elle ait couru depuis vingt ans.

Qu'on me permette ici une digression.

Lorsque Mirabeau exposait, à la veille de la Révolution, ces plans puissants et grandioses qui devaient sauver la France « des complots de l'aristocratie, des excès de la démocratie, et de l'anarchie profonde où était plongée l'autorité[1] », il voyait déjà, par l'instinct de son génie, il prédisait clairement le consulat de Bonaparte et le ministère de Fouché. Mais pour y arriver, comme le remarque éloquemment un des hommes qui connaissent le mieux cette époque troublée, il supprimait dix ans d'histoire. « Et quelle histoire ! L'anarchie victorieuse, le régicide, la tyrannie des démagogues, l'inquisition des comités, la Terreur, qui écrasa les forts, le Directoire, qui fit régner les corrompus, la ruine des illusions, l'abaissement des âmes, le dégoût universel de la liberté, l'appétit irrésistible de la paix, de l'ordre, de l'autorité, c'est-à-dire les effets mêmes de la révolution

---

[1] *Lettre à Montmorin*, 28 déc. 1788.

qu'il voulait gouverner, et qui ne pouvait être domptée que par son propre épuisement[1]. »

Voilà les excès que pouvaient éviter le Roi et l'Assemblée de 1790 en écoutant Mirabeau. Notre Révolution a connu, comme la première, un homme qui a tenté de la conduire et de l'éclairer, et qui a prononcé cet oracle : « La République sera conservatrice ou elle ne sera pas. » Pour ne l'avoir pas cru, on a pendant dix ans troublé profondément le pays. Loin de reconnaître la faute commise, on voudrait aujourd'hui, dans certaines sphères, en commettre une plus grosse encore. Au nom de la paix publique, supprimons ce nouvel essai : nous aurons du même coup supprimé toutes les fautes qu'il entraînera, fautes qui, pour ne pas égaler sans doute celles de la première Révolution, n'en apporteront pas moins à la France un nouveau cortège de troubles et de malheurs.

Un seul groupe se présente dès lors à l'attention des honnêtes gens de tous les partis : celui des républicains modérés.

Quoi, direz-vous, le centre gauche ! — Lui-même, j'en conviens, mais combien augmenté, combien raffermi !

---

[1] Albert SOREL, *op. cit.*, t. II, ch. I, § 4.

Assurément ces hommes du centre gauche ont, plus d'une fois, prêté à la raillerie. Trop riches, trop sceptiques, trop âgés, trop blasés, ils n'ont peut-être pas toute l'activité ni toute la hardiesse nécessaires pour exercer le pouvoir. Ils forment un clan choisi, une société d'élite à la Chambre comme au Sénat. C'est une Académie, où l'on parle le beau langage, une réunion de dilettanti, où l'on traite avec distinction des questions choisies. L'habit à palmes vertes, que plusieurs portent, leur siérait à tous. C'est un cercle de philosophes, avec quelque chose d'antique, et en pénétrant parmi eux, on se surprend à chercher Aspasie.

Mais ces hommes, c'est à eux qu'on doit la fondation, l'acclimatation en France de cette République depuis si tristement exploitée : c'est aux Thiers, aux Jules Simon, aux Dufaure, aux Jules Favre, aux Rémusat, aux Lambrecht, à tant d'autres qui arboraient le drapeau républicain libéral à l'heure où plus d'un de nos fougueux fonctionnaires actuels émargeaient encore au budget impérial, et qui, selon la piquante expression de l'un d'eux, n'ont eu qu'un tort, celui d'avoir raison trop tôt[1]. Par éducation, par tempérament, ils sont les ennemis naturels et instinc-

---

[1] DE MARCÈRE, *Lettre à Hector Pessard*

tifs de tous les moyens violents; par suite, ils ont pour eux l'immense majorité du pays.

En groupant autour de tels hommes les représentants de la droite républicaine et les nombreux opportunistes convaincus de la nécessité de modifier leur politique, on créerait un parti compact et invincible capable de faire de la République un gouvernement définitif, mais capable aussi de la rendre vraiment digne de la France en en excluant sans pitié tous les éléments de désordre et de violence[1]. Ce parti aurait pour lui, je le répète, l'immense majorité de la nation, qui ne demande qu'à vivre en paix.

Il ne faudrait pour cela qu'un peu de franchise de la part des candidats, un peu de cohésion de la part des électeurs, et surtout un appui et une direction de la part du gouvernement.

Qui prendra l'initiative de ce grand mouvement? Paraîtra-t-il un homme nouveau, ou M. Constans, qui a sauvé la République, aura-t-il la noble ambition de l'améliorer? Il en a la force et pourrait en avoir l'esprit. Les hommes d'État hors de pair ont parfois de ces retours et vont à Canossa. Le prince de Bismarck a

---

[1] Sans vouloir proposer ici pour modèle le centre catholique allemand, on ne saurait s'empêcher de le citer comme exemple de ce que peuvent obtenir la fermeté, la sagesse et l'esprit de suite d'un homme tel que M. Windthorst dominant un parti assez résolu pour tenir tête au prince de Bismarck lui-même. Quel enseignement pour nous Français!

fait le *Kulturkampf,* puis un jour s'est levé où il a senti le besoin de se rapprocher du Pape. M. Jules Ferry n'a-t-il pas lui-même invoqué la paix religieuse? Qui donc, pourtant, l'avait plus que lui troublée? Il n'est pas possible de croire qu'il ne surgira pas un homme pour tenter de jouer ce rôle, et je suis heureux de me rencontrer ici avec un républicain de vieille date, dont nul ne contestera la sincérité, et qui écrivait récemment : « Cette tâche est assez grande, dût-elle échouer, pour justifier l'ambition de ceux qui oseraient l'entreprendre; elle est assez noble aussi pour qu'on puisse dire *qu'il manquera quelque chose à la gloire de notre République tant qu'elle n'aura pas su l'accomplir*[1]. »

[1] Paul FLEURY, *Politique d'apaisement,* p. 14.

## III

La consolidation de l'édifice républicain en France rentre, du reste, dans un ordre de choses que, le voulût-on ou non, il faudra subir un jour : je veux parler de la confédération des États de l'Europe occidentale, ou, pour employer une formule plus succincte, de la République universelle.

On va sourire à ces mots-là, mais peu à peu ils deviendront d'usage courant, et l'on s'y habituera.

On rit aussi des Congrès de la paix : il n'en est pas moins vrai qu'ils se propagent dans toutes les nations, et qu'il faudra bientôt compter avec eux.

Au début de toute innovation, il y a de ces haussements d'épaules que méprisent les gens éclairés, et qui n'empêchent aucune transformation de se produire à son heure.

Il fut un temps où les chevalets et les roues, les tenailles et les bûchers, les haches et les billots, tous les instruments de torture, en un mot, s'étalaient au grand jour sous la protection des lois. Ils sont aujourd'hui relégués dans les musées.

J'ai la conviction qu'on y verra un jour les canons et les obus, les mitrailleuses et les balles, tous les engins de destruction, restes de la barbarie des autres âges, dont l'achat et l'entretien constituent une charge ruineuse pour les pays civilisés.

On s'étonnera que si longtemps les peuples aient souffert ces excès; et le dominicain brûlant quelque hystérique dont les discours eussent pu tourner la tête à un trop grand nombre d'exaltés paraîtra à peine plus fanatique que le conquérant envoyant à la boucherie des milliers de jeunes hommes pleins d'espérance et de santé.

Déjà (et la République dût-elle n'avoir que cette conséquence, on devrait l'en bénir), déjà les peuples mieux instruits doutent que la guerre soit indispensable; ils ne se croient pas obligés de se haïr parce qu'un fleuve les sépare; le socialisme apporte partout avec lui la fraternité des peuples, et les découvertes de la science, qui ont transformé déjà les idées et les choses, transformeront aussi les mœurs.

Le développement de cette question dépasserait les limites de ce petit écrit : mais que trouve-t-on donc d'impossible, *à priori,* à sa solution? Si je jette

un regard sur l'Europe, je n'y vois déjà plus que
quatre souverains absolus : le Pape, le Tzar, l'empereur d'Allemagne et le Sultan.

Le premier n'a plus qu'une puissance morale : elle
est immense, et il la mettra tout entière au service
de la fusion des peuples, lui qui a des sujets dans
toutes les races du globe. Les Turcs, c'est depuis
longtemps dans les prévisions de la diplomatie,
seront un jour repoussés en Asie. La Russie n'est pas
comprise dans l'Europe occidentale ; et quant à l'Empereur allemand, il est aux prises lui-même avec la
question sociale dans son empire : privé des conseils
de son grand ministre, il est aisé de prévoir qu'il ne
la résoudra point.

Que reste-t-il, à part lui, pour endiguer le torrent ?

Est-ce l'Espagne, tourmentée et amoindrie ? L'Italie, révolutionnaire et courtisane ? L'Autriche, impuis-
sante et malheureuse ? Sont-ce les puissances du
Nord ? — On n'écoutera pas leur voix. Sont-ce les
petits États ? — Ils ne comptent déjà plus.

Et tous ces pays ne sont-ils pas déjà des républiques
plus ou moins déguisées, dont les souverains règnent
à peine et ne gouvernent plus ? On a vu ce qu'au
Brésil il a fallu de temps pour supprimer la Constitution impériale. Cet immense pays a pu se transformer en un jour, sans violences et sans carnage ; et

chez nous mieux qu'ailleurs on sait ce qu'il faut de
temps à un trône pour s'écrouler ! Il suffirait d'une
guerre, d'un congrès diplomatique, d'une grève un
peu prolongée, d'un mot d'ordre des sociétés secrè-
tes, de moins que tout cela peut-être, pour qu'on vît
les pays latins, bientôt suivis par les autres, proclamer, à l'exemple de la Suisse et de la France, leur
définitive émancipation.

Si l'état de l'Europe ne suffit pas à vous convaincre, regardez alors les souverains appelés à la gouverner. Dites-moi s'ils sont de la race de ces rois
puissants qui semblaient pétris d'une autre argile que
le commun des mortels, et si leurs mains débiles ont
encore la force de porter le sceptre. Rappelez-vous
cet héritier de la maison d'Orange qui, sous un nom
d'opéra-comique, fit longtemps la joie de nos boule-
vards ; cet empereur *fin de siècle* qui pérorait dans
nos académies, tandis que là-bas ses sujets préparaient
la destruction de sa dynastie. L'un dépose une cou-
ronne pour épouser une actrice ; l'autre réclame
l'honneur de manger dans une gamelle ; et tandis
qu'une folie héréditaire paraît frapper le trône de
Bavière, le fils de Sa Majesté Apostolique se suicide
avec une aventurière dans une cabane de garde-
chasse.

Quel tableau ! quelle déchéance ! quel oubli des

plus grands devoirs et des responsabilités encourues devant l'histoire ! Quel chapitre, ô Voltaire, à ajouter à *Candide !*

Un des plus grands génies qui aient paru depuis Platon avait tracé d'autres principes et fait entendre d'autres leçons : « L'Église, disait-il, enseigne aux rois à veiller sur les peuples, et à tous les peuples à se soumettre aux rois, montrant ainsi que tout n'est pas à tous, mais que la charité est pour tous et que l'injustice n'est due à personne [1]. »

Mais si les rois comme les peuples n'entendent plus ce langage, qui ne s'adapte pas mieux à nos esprits surchauffés que les armures des guerriers d'antan à nos corps affaiblis ; si les monarchies chrétiennes sont à jamais disparues, de grâce, ne les parodions pas. Allons franchement à un nouvel ordre de choses. Il faut savoir vivre avec son temps.

Cent ans d'essais infructueux de gouvernements libéraux, de royautés constitutionnelles, d'empires parlementaires, de dictatures à l'eau de rose, ont clairement démontré que nul pouvoir ne peut durer dans notre siècle agité si ce n'est la République. A quoi bon travailler à la détruire encore ? C'est d'un philosophe de savoir accepter les transformations des cho-

---

[1] S. Augustin, *De morib. Ecclesiæ*, I, 30.

ses : « Vous n'avez qu'un jour à passer sur la terre ;
faites en sorte de le passer en paix [1]. »

Et s'il faut aux incrédules quelque chose de plus
encore, qu'ils méditent ce qu'écrivait, au début de ce
siècle, l'homme qui l'a le plus agité : « L'agglomération des peuples arrivera tôt ou tard par la force des
choses. Alors peut-être, à la faveur des lumières universellement répandues, deviendra-t-il permis de
rêver pour la grande famille européenne l'application
du Congrès américain ou celle des Amphictyons de
la Grèce. » Et comme s'il craignait que sa pensée ne
fût pas suffisamment comprise, Napoléon posait prophétiquement cette alternative dont nous sentons
aujourd'hui la palpitante actualité : « Un jour, toute
l'Europe peut être cosaque, *ou toute en république* [2]. »

---

[1] LAMENNAIS, *Paroles d'un croyant*, XV
[2] *Correspondance de Napoléon*, I, 32.

## IV

Mais, me répondrez-vous, le gouvernement est comme ceci, est comme cela, je ne puis vraiment le servir.

C'est un cercle vicieux.

Vous ne le servez pas parce qu'il est *comme cela,* et il est *comme cela* parce que vous ne le servez pas.

La présence seule d'un homme de valeur dans une assemblée domine tout ce qui se trouve placé dans son rayon d'influence. La faute primordiale des libéraux a été de se désintéresser trop tôt de la République, d'en abandonner les avenues à tous les ambitieux, à tous les faméliques, à tous les violents, au lieu de la servir et de la diriger. Tandis que les jeunes gens indépendants se précipitaient vers Saint-Cyr ou rentraient dans leurs terres pour s'y livrer à la chasse, les autres travaillaient ardemment et peu à peu s'emparaient de toutes les charges. C'est déjà ce

qui avait contribué à faire la Révolution [1], et loin
d'avoir profité de cette terrible leçon, on est retombé
dans les mêmes erreurs.

Il ne faut pas s'étonner, après cela, des fautes
commises par ces nouveaux venus, fautes que personne ne nie, pas même les plus autorisés d'entre
eux. On a conservé le souvenir du discours de
M. Challemel-Lacour au Sénat [2]; et lorsque M. Constans faisait récemment appel à toutes les bonnes
volontés pour un apaisement général, il songeait
amèrement à tout ce qu'il lui avait fallu déployer de
peine et d'habileté pour sauver la République de
toutes les coalitions qu'elle avait maladroitement
soulevées contre elle.

Mais ces fautes ne sont pas irréparables. Mieux
qu'à tout autre régime, il est donné à celui-ci de
revenir sur ce qu'il a fait dans des heures de lutte ou
d'égarement. Tandis qu'un roi ne saurait modifier sa
politique sans compromettre la cohésion de son
règne, une république peut déplacer son axe à tout

---

[1] « La bourgeoisie en 1789 était, pour ainsi dire, la maîtresse de la
France par les emplois qu'elle possédait. Elle remplissait la magistrature
et la finance, les intendances des provinces, le Conseil d'État. Elle four-
nissait des ministres à la monarchie, depuis Colbert jusqu'à Turgot...
Les événements de 1789 n'ont pas créé sa puissance, ils n'ont fait que la
proclamer. » Vicomte DE BROC, *La France sous l'ancien régime*, t. I,
ch. x, § 3.

[2] Discours du 19 décembre 1888.

changement de président; bien plus, à tout changement de ministère. Passons brièvement en revue les principaux griefs énoncés contre la nôtre, et après les avoir réduits à leur valeur précise, il sera consolant de constater qu'un peu de bonne volonté de part et d'autre pourrait les faire disparaître.

On parle, tout d'abord, des lois d'exception. Je les trouve bien pâles à côté de celles qu'édictaient les anciens régimes : elles sont venues bien tard, et bien mitigées. Le comte de Paris ne peut trop se plaindre de vivre princièrement en Angleterre avec les revenus que lui avait confisqués l'Empire, lorsqu'il songe que son propre grand-père, comblé de faveurs par Charles X, après lui avoir pris ses États, l'en exilait sous peine de mort.

Le général Boulanger a dû trouver assez gais les ombrages de Jersey, lorsqu'il a lu récemment les récits émouvants de l'exécution de Panitza.

Et quand Jérôme Bonaparte contemplait de Prangins les belles montagnes de la Suisse, sa pensée le ramenait peut-être parfois jusqu'aux fossés de Vincennes!

Au début de tous les régimes on trouve de tels excès : l'histoire n'est qu'une longue suite de crimes mystérieux, et à toutes les époques les gens gênants ont disparu. Citer quelques noms, que chacun a sur les lèvres, ne serait que soulever un faible coin du voile qui recouvre à jamais ces trames ténébreuses.

Lors donc que la République, cédant à la juste pression de l'opinion publique, ouvre la prison où le duc d'Orléans était venu se placer malgré elle, on peut sans doute l'accuser d'avoir failli, en l'y maintenant quatre mois, à l'un de ses principes les plus chers; non d'avoir dépassé en cruauté les gouvernements absolus.

Ils avaient des taches de sang; elle n'a que des taches de boue.

On se plaint, en second lieu, de la guerre religieuse. C'est une question plus grave, car elle atteint les racines les plus profondes de l'âme humaine. Mais, outre qu'un bon nombre de républicains la désapprouve absolument, veut-on me faire le plaisir de me dire si cette fatale question est d'invention récente, et serait-ce vraiment la République qui l'a posée? Sans parler des guerres de religion, des luttes séculaires entre le Pape et l'Empereur, de la révocation de l'édit de Nantes, et de tous les sanglants excès causés par le fanatisme d'une part, par l'intolérance de l'autre, a-t-on déjà oublié la conduite de Napoléon envers le doux Pie VII et la duplicité du dernier empereur dans les affaires d'Italie? Tous les régimes, qui, sur ce sujet, ont des poutres dans les yeux, seraient mal venus à trop remarquer la paille de leurs voisins. « L'Église avait paru rarement plus compromise qu'à la fin de l'ancien régime. Les philosophes attaquaient la doctrine, les princes la discipline; les papes avaient à défendre contre les premiers leur autorité spirituelle, contre les seconds leurs prérogatives temporelles [1]. » Aspirant tous les deux à la suprématie, l'Église et l'État n'ont jamais vécu en parfaite intelligence, et M. Clémenceau reconnaissait explicitement l'inutilité des efforts tentés, soit pour une réconciliation, soit pour une victoire décisive, quand il disait à la tribune : « La guerre commencée par les pères *sera continuée par les enfants* [2]. » En cela, que les catholiques se contentent d'imiter l'Église elle-même, qui leur donne l'exemple de la patience et leur donnera peut-être celui de la réconciliation [3].

En France, la lutte est aujourd'hui circonscrite à l'intérieur. On chasse par une porte les Trappistes qui

[1] Albert SOREL, *op. cit.*, t. II.

[2] Séance du 8 juin 1889.

[3] Depuis que ces pages sont écrites, le toast du cardinal Lavigerie à l'amiral Duperré et aux officiers de l'escadre de la Méditerranée est venu donner à mes prévisions une confirmation éclatante. J'en ai été peu surpris : ayant fait personnellement du journalisme à Rome pendant deux ans, je n'ignore pas les tendances du Vatican dans le sens de la conciliation. Cette politique n'est pas nouvelle et se poursuit lentement, mais avec persistance, depuis la nonciature à Paris du cardinal Czacki.

rentrent par l'autre, et s'il est gênant pour ceux qui
tiennent à l'éducation des Jésuites d'envoyer leurs fils
à Canterbury[1], ceux-là doivent se dire que sous le
règne de Louis XV ils n'auraient pas été plus heureux ; ce que Frédéric II constatait ironiquement
lorsqu'il écrivait : « Comme mes frères les rois Catholiques, Très Chrétiens, Très Fidèles et Apostoliques
les ont chassés, moi, Très Hérétique, j'en ramasse
tant que je peux[2]. »

La laïcisation des écoles est une conséquence de la
neutralité de l'État : M. Méline trouve cette loi *très
défectueuse,* et un ancien fonctionnaire reconnaissait,
dans une brochure récente, qu'elle est loin d'être
strictement appliquée[3]. Les résultats ne paraissent
pas brillants, puisque la criminalité et la folie du
suicide ont pris, dans le jeune âge, des proportions
effrayantes. Le préfet de la Seine, inaugurant, il y a
peu de mois, un ouvroir laïque à Paris, disait : « Les
ouvroirs religieux sont des modèles en ce genre, et il
est nécessaire que ce premier ouvroir laïque ne leur
soit pas inférieur[4]. »

Mais alors, si les établissements religieux sont

---

[1] Ce collège est maintenant fermé.
[2] *Lettre au prince de Ligne* (Mémoires).
[3] Paul FLEURY, *op. cit.,* p. 8.
[4] Cité par le *Correspondant* du 25 juillet 1890.

*des modèles,* pourquoi ne pas les laisser tranquilles?

La partie la plus déplorable de la guerre religieuse est la laïcisation des hôpitaux : il est permis de penser qu'elle n'est pas définitive, et, par les protestations qu'elle soulève, on peut voir, à tout le moins, qu'elle n'est pas généralement approuvée. Il suffit, du reste, de rappeler ici les luttes mémorables du docteur républicain Desprès, médecin de la Charité, et les paroles flatteuses du président Carnot aux Sœurs de l'orphelinat de la Miséricorde à Montpellier[1], pour se convaincre que la question reste ouverte et qu'elle n'est pas indispensable à l'existence de la République. Elle n'a aucune raison d'être. Politiquement, on conçoit qu'un parti au pouvoir cherche à s'emparer des écoles : en imprimant aux enfants une direction d'idées conforme à sa manière de voir, il se prépare pour l'avenir une génération d'électeurs dociles, des instruments précieux de domination. Mais que le moribond, au soir de la vie, professe telle ou telle doctrine, s'éteigne entre telles ou telles mains, en quoi cela peut-il effarer un gouvernement? C'est un abus de pouvoir, et il manque son but. On croit frapper de pauvres filles, dont tout l'horizon est un mur d'hôpital, toute l'ambition l'allégement des

---

[1] « Je connais depuis longtemps votre costume, et je sais tous les dévouements admirables dont il est capable. »

souffrances [1], et ce sont les malades qu'on frappe,
les abandonnés, les désespérés, qui, à un remède
souvent inutile, préfèrent des paroles de douceur, de
consolation, d'espérance.

Nec semper feriet quodcumque minabitur arcus.

Il serait injuste, du reste, de ne pas reconnaître
que dès qu'un bon républicain est lui-même bien
malade, ce ne sont pas des laïques qu'il appelle à son
chevet. C'est la revanche des Sœurs, et c'est aussi
celle de l'esprit français.

Choisir le 14 juillet pour en faire une fête nationale,
c'est encore un de ces actes infiniment regrettables
qui retardent l'entente et l'union. N'y avait-il donc
pas assez de dates glorieuses dans l'histoire de France,
et la Révolution elle-même n'a-t-elle pas vu de ces
journées où tous les partis s'unissaient dans un élan
vraiment patriotique pour accomplir quelque grande
réforme, comme ils le feraient encore aujourd'hui
pour en célébrer l'anniversaire? Mais non : on a
préféré éterniser le souvenir de ce sanglant fait
d'armes dont La Fayette écrivait : « Je règne dans
Paris, et c'est sur un *peuple en fureur*, poussé par
d'*abominables cannibales*. J'ai déjà sauvé la vie à

---

[1] Voir Maxime DU CAMP, de l'Académie française, *La charité privée
à Paris. — Les Sœurs hospitalières.*

six personnes qu'*on pendait* dans les différents quartiers : mais ce peuple *furieux, ivre,* ne m'écoutera pas toujours [1]. »

Je ne regrette personnellement pas la Bastille, prison maussade et terrible. La noblesse de France se souvient bien sûr avec moi du nombreux contingent qu'elle a fourni à la longue liste de ceux qui y ont souffert. Sur les *sept* personnes délivrées en 1789, il se trouvait deux gentilshommes [2], l'un fou, l'autre poursuivi pour dettes (et ceux-ci, à coup sûr, eussent volontiers trinqué pour la fête nationale); je n'en salue pas moins avec joie le mouvement plus sensé et plus patriotique qui se dessine en faveur de Jeanne d'Arc, et qui tend à détrôner le 14 juillet.

Partout on élève des statues à l'héroïne française; de tous côtés on exalte à l'envi sa gloire; le ministre de l'instruction publique accorde en son honneur un congé annuel aux lycées et aux écoles; il n'est pas malaisé de prévoir que bientôt nous aurons une fête vraiment nationale que tous les partis pourront célébrer avec enthousiasme et sincérité. Ainsi sera oublié un souvenir néfaste et réparée une fâcheuse erreur.

---

[1] *Mémoires et correspondances du général La Fayette,* t. II, p. 317; lettre du 16 juillet 1789.

[2] C'étaient MM. de Solages et de Whyte de Malleville. Voir *Le*

J'arrive aux deux plaies de la République : le
militarisme et la crise agricole. Ces maux, elle ne les
a pas créés : elle les subit. La France, hélas! n'est pas
ici la seule atteinte. Demandez-le à l'Italie affamée,
à l'Allemagne à bout de ressources, à l'Autriche
hébétée, à tous ces peuples qui, moins riches que
nous, sentent plus tôt que nous la douleur aiguë. Le
militarisme, c'est le véritable fléau de notre temps.
Pour entretenir des armées formidables on ruine les
contribuables, on entrave les études, on compromet
l'agriculture, on blesse les croyances, on perd absolument la tête [1], et tandis que les usines fiévreu-
sement alimentées produisent nuit et jour de nouveaux engins de mort, voici qu'un mal nouveau lui
aussi, mystérieux et fatal, qui préoccupe à bon droit
les penseurs, s'abat sur nos contrées. Vous voulez
tuer les hommes! ils ne naissent plus. La cause de la
dépopulation, c'est en grande partie le militarisme.
On enlève aux campagnes tous les jeunes gens valides,

registre d'écrou à la Bastille de 1782 à 1789, par Alfred Bécis (Nouvelle Revùe).

[1] N'est-ce pas du délire que cette proposition de loi qui envoie à
l'armée sénateurs et députés? En voyant le législateur mêlé au prêtre,
à l'artiste, au savant, pour se soumettre à un sous-officier la plupart du
temps illettré, ne croit-on pas vraiment revoir ces fêtes de l'ancienne
Rome, où, pour un jour, les esclaves devenaient les maîtres, et les
maîtres, valets?

sains et forts. Aux autres, à ceux qui restent, à ceux
dont l'armée ne veut pas ou qu'elle rejette, on dit :
Croissez et multipliez !

Et tandis que dans cette vieille Europe, où l'on
étouffe, des gens graves usent leur vie à se demander
si une borne-frontière sera à quelques lieues en deçà ou
au-delà d'un point donné, l'Amérique, libre et jeune,
s'élance à la conquête de la richesse et du bonheur.
La crise agricole ! Mais c'est le militarisme qui con-
tribue le plus à la produire ! Luttez donc sans bras,
sans tranquillité et sans ressources contre ces peuples
vigoureux, fiers de leur force, possesseurs de terres
immenses et fécondes ! Voyez ce Congrès des États-
Unis auquel plus de quinze États ont adhéré déjà.
Écoutez le mot d'ordre de Bright : « Ni les uns ni les
autres nous ne voulons de ces armées permanentes
qui *ruinent l'Europe,* qui *dépeuplent ses campagnes*
et *épuisent ses forces* [1]. »

Chez nous, il n'y a que les socialistes qui osent
exprimer de telles idées. A peine, de temps à autre,
un romancier novateur s'arrête-t-il devant ces questions émouvantes [2], qui devraient primer toutes les
autres, pour nous montrer, dans des pages frisson-
nantes, l'horreur de notre servitude, et nous faire

[1] Discours d'ouverture du Congrès.
[2] Voir notamment Octave MIRBEAU, *passim.*

sentir toute la distance qui nous sépare de la liberté et du bonheur.

Cet état de choses développe-t-il au moins chez nous les mâles vertus, les nobles sentiments? élève-t-il, en un mot, le niveau moral du pays?

Voici la réponse : « L'aggravation de la criminalité, les progrès considérables du suicide et des maladies mentales, l'affaiblissement de la natalité qui atteint le pays dans les sources mêmes de la vie... tels sont les résultats de notre civilisation si vantée [1]. »

J'ai la conviction que l'excès même de ces maux amènera leur fin : mieux que tout autre régime la République peut combattre les préjugés, prendre l'initiative des réformes les plus hardies; il suffirait pour cela qu'elle le voulût. Non, cela ne suffit pas encore : il faut qu'elle y soit encouragée, amenée; qu'au lieu de sentir autour d'elle des adversaires prêts à profiter de sa première faiblesse, de son indulgence même, elle ne rencontre que des amis, des enfants décidés à la faire puissante et glorieuse.

Ai-je épuisé la liste des fautes qu'on impute à ce gouvernement-ci? Il me reste un dernier point à éclaircir : l'exploitation jalouse du pouvoir [2].

---

[1] Marquis DE NADAILLAC, *Le Péril social* (*Correspondant* du 25 juillet 1890).

[2] J'omets à dessein tout ce qui a trait à la politique extérieure Il est

Et ici je suis plus à mon aise : le sujet est moins grave, l'accusation plus erronée.

Quand les Gontaut, les Broglie, les Noailles voulaient servir la République, ils étaient ambassadeurs. De nos jours encore un Choiseul, un Galliffet, un Montebello ne dédaignent pas de se dire républicains, et l'on se garde bien de repousser leurs services.

Les hommes de valeur trouvent toujours leur place, et tout le monde y gagne.

Pendant dix ans, on a écarté des conseils du gouvernement le général de Miribel que Gambetta avait pourtant placé au premier rang. On lui a préféré le général Boulanger, et d'autres de moindre importance. A présent on voit de quel côté était le talent, la loyauté. On le rappelle.

L'histoire est une éternelle recommenceuse. Comme sous la monarchie, des fils de jardinier, d'apothi-

---

dangereux, pour un profane, de juger des questions dont il ne peut connaître tous les détails. Trop souvent, en diplomatie, l'action des hommes d'État est entravée par des causes multiples qui échappent à notre appréciation ; trop souvent aussi les journalistes font sur ce terrain des excursions intempestives et maladroites pour que je sois tenté de m'égarer à la suite des uns et des autres. Ceux qui voudraient un tableau et une critique de notre diplomatie depuis vingt ans consulteront avec fruit : CHAUDORDY, *La France en* 1889 (deuxième partie, *la France à l'extérieur*), et E. HIPPEAU, *Histoire diplomatique de la troisième République.*

caire, de négociant, de petit hobereau, Alberoni, Dubois, Mazarin, Colbert devenaient cardinaux, ducs, premiers ministres ; ainsi, sous la République, les plus grands seigneurs peuvent prétendre aux charges de l'État.

Toute la difficulté vient aujourd'hui de ce que ceux-ci voudraient obtenir des places sans cesser d'être attachés aux régimes disparus, tandis qu'on leur demande tout d'abord un acte formel d'adhésion à la République. C'est assez naturel. A ce prix-là, n'en doutez pas, la République ouvrirait ses portes, et je suppose même que, pour quelques-uns, elle le ferait volontiers.

Depuis vingt ans, on a tenté deux choses : écraser l'opposition, s'essayer au gouvernement. Il n'est pas étonnant que de grands tâtonnements, de grandes erreurs se soient produits. On commence à démêler les événements, à se rendre compte du chemin parcouru. On a vu plusieurs figures se détacher de la galerie un peu terne de nos hommes d'État ; plusieurs ministres essayer en vain de former une majorité solide de gens conséquents et sensés : mais tous ont disparu de la scène sans avoir accompli ce qu'on paraissait en droit d'attendre d'eux. Encore aujourd'hui, malgré tant d'échecs décevants, on espère beaucoup d'un homme qui, depuis dix-huit mois, domine le pouvoir. Il est permis de croire qu'il cherchera à s'y illustrer et aura la haute ambition de transformer notre régime en lui communiquant un peu de son esprit; qu'à son défaut, quelque autre fera son profit des leçons du passé, et se souviendra surtout des conseils du plus profond, du plus avisé des politiques : « La prudence consiste, pour un homme d'État, à honorer *les meilleurs citoyens de toute catégorie*,... à faire en sorte qu'ils puissent exercer paisiblement leurs affaires afin qu'ils ne négligent pas leurs possessions par crainte d'instabilité... surtout à préparer des récompenses et des honneurs à tous ceux qui pensent à apporter leur concours au lustre de la ville ou de l'État[1]. »

Si cette dernière illusion devait s'envoler, il faudrait renoncer aux projets, longtemps caressés, de paix, de travail et de liberté; se préparer à voir de nouveaux excès, et notre décadence brillante sombrer, comme celle de Rome, dans les ténèbres et la réaction.

[1] MACHIAVELLI, *Il Principe*, cap. XXI.

## V

Si j'ai exposé sans ménagement les fautes que, selon moi, commet chaque jour la République dans son administration intérieure; si d'autre part j'ai résolu de ne pas critiquer dans son ensemble la politique extérieure du gouvernement, et cela tant par une réserve patriotique facile à apprécier que parce qu'en mainte circonstance les résultats de notre intervention ne sont pas définitivement établis, il est cependant deux conquêtes qu'il n'est pas permis de passer sous silence, et que tout Français, quelle que soit son opinion, peut saluer avec un juste orgueil : je veux parler de la Tunisie et du Tonkin.

Ici le fait est accompli, l'expérience commencée, les avantages déjà sensibles, et il n'est que juste de rappeler aux détracteurs de la politique coloniale le souvenir de ces deux entreprises qui constituent la principale gloire de notre pays depuis vingt ans. A elles seules elles offriraient un prétexte suffisant à

ceux qui, retenus longtemps parmi les ennemis de la
République, soit par éducation, soit par antipathie
pour ses procédés et son personnel, voudraient en fin
de compte se rapprocher d'elle et cesser d'être dans
leur pays des unités négligeables.

Faut-il rappeler avec quelle habileté M. Wadding-
ton sut préparer au Congrès de Berlin notre intervention devenue nécessaire à Tunis et nous assurer
en cette affaire la neutralité, on pourrait dire la sym-
pathie de l'Angleterre particulièrement intéressée à
ce que l'Italie ne devînt pas maîtresse du passage
qui met en communication les deux bassins de la
Méditerranée? On objectera que par là nous nous
sommes brouillés avec l'Italie. Il est prouvé maintenant que bien avant les événements de Tunisie,
l'Italie était tentée d'entrer dans la Triple-Alliance[1],
et qu'elle a fait simplement preuve de sa finesse habi-
tuelle en saisissant ce prétexte que nous paraissions
lui offrir. Est-il vrai d'ailleurs que l'Italie avait des
vues bien nettes sur la Régence? Dans ce cas on peut
dire qu'elle agissait isolément, et que, grisée par son
nouveau titre de grande puissance, elle avait peut-
être fait un rêve trop brillant[2]. Quoi qu'il en soit, l'ex-

---

[1] *La politique française en Tunisie*, par P. H. X. (Librairie Plon.)
[2] On n'a rien offert à l'Italie au Congrès de Berlin. Voici ce que j'ai
entendu souvent conter à Rome à ce sujet : Le plénipotentiaire italien

pédition habilement préparée, sagement conduite, reste comme l'une des plus heureuses qu'on ait jamais vues.

Le traité de Kassar-Saïd a été obtenu presque sans coup férir. Lorsqu'après ce succès qui paraissait définitif une seconde campagne a dû être entreprise pour dompter les rebelles, les pertes que nous eûmes à déplorer furent plus restreintes qu'on eût osé l'espérer dans les milieux les plus optimistes; enfin, pendant la période d'occupation, les entrées de nos soldats à l'hôpital ont été moindres que dans l'une ou l'autre province de l'Algérie ou même qu'en France[1]. Quant à l'argent, faut-il en parler? Quarante-cinq millions[2] nous ont livré ce « pays du lotus », cette « perle de la Méditerranée », cette « fiancée de l'Occident » dont les richesses sont immenses, la situation incomparable, le climat un des meilleurs du littoral méditerranéen[3], et qui joint à tous ses avantages celui de mettre à l'abri de toute aventure nos possessions d'Algérie.

L'organisation du Protectorat n'a pas été moins

aurait demandé purement et simplement la reconnaissance officielle *des faits accomplis depuis* 1870. M. de Bismarck entra alors en colère et déclara qu'on n'était pas à Berlin pour traiter la question romaine.

[1] BERTHOLON, *Revue de géographie*, octobre 1884.
[2] Chiffres officiels pour 1881. (*La politique française en Tunisie.*)
[3] E. RECLUS, *Géographie universelle*, t. XI.

admirable que la conquête. On a agi avec une prudence, une sûreté de main, une habileté auxquelles il
faut rendre hommage. On a laissé de côté la routine,
les préjugés; on s'est souvenu qu'en matière de colo-
nisation il ne faut changer les lois existantes que
lorsqu'on est sûr de pouvoir en appliquer de meil-
leures. Bien plus, on nous a fait grâce des déclama-
tions ordinaires sur le cléricalisme : on s'est même
applaudi de rencontrer là-bas un homme de la taille
du cardinal Lavigerie, qui, avant nous, avait fait
sentir son influence dans la Régence, y avait fondé
des écoles, des chapelles et même un musée. Encore
aujourd'hui deux bureaux de poste sont administrés
par les Pères Blancs[1].

Qu'est-il résulté de cet ensemble de faits? Depuis
longtemps la Tunisie se suffit à elle-même et ne coûte
à la métropole que le traitement des très rares fonctionnaires français.

Cependant aucune critique, aucune injure n'a
manqué à nos hommes d'État. Tandis que Rochefort
faisait des mots sur les Kroumirs et le « cabinet
d'histoire naturelle », les petits journaux dénonçaient
entre le compte rendu de l'Ambigu et l'arrestation
du *satyre de Pantin*, la complaisance des « valets de

---

[1] *La politique française en Tunisie.*

Bismarck » ; M. Clémenceau ne perdait pas cette bonne occasion de prononcer un discours haineux et violent qui renversait le ministère, et M. de Mun lui-même, débutant dans cette Chambre dont il devait devenir le premier orateur, se joignait à l'extrême gauche pour flétrir le gouvernement[1].

Que diront donc du Tonkin ces mêmes adversaires? Ils ne trouveront pas de mots assez énergiques et devront emprunter à Victor Hugo son plus bizarre procédé pour exprimer leur colère. Ce sera alors le Tonkin-ossuaire, le Tonkin-marécage, le Tonkin-choléra, pour faire pendant à Ferrymann, à Ferry-Cartouche, à Ferry-famine!

Assurément il faut déplorer que l'expédition du Tonkin n'ait point été conduite comme celle de Tunis : mais les circonstances n'étaient pas les mêmes, et on ne trouve pas tous les jours, d'ailleurs, des généraux doublés de diplomates et renonçant de gaieté de cœur à de faciles faits d'éclat pour éviter de fatales représailles. Si notre intervention, aussi nécessaire, semble-t-il, dans l'Extrême-Orient qu'en Tunisie, nous a coûté neuf mille hommes et trois cent trente-cinq millions[2], nous apprendrons sans doute, lorsque l'histoire en sera écrite, à qui doit

[1] Séance du 8 novembre 1881.
[2] J. FERRY, Le Tonkin et la mère patrie.

être surtout attribuée la responsabilité de ces sacri-
fices excessifs.

Dès maintenant les légendes accréditées en France
sur le climat, les productions, les habitants du
Tonkin, commencent à disparaître. L'organisation de
la colonie, si difficile à ses débuts[1], paraît entrée
dans une période de progrès qui doit aboutir à un
état définitif satisfaisant. Si l'on procède par comparaison, on peut voir ce qu'a coûté notre conquête de
l'Algérie, ce qu'elle coûte encore, le temps qu'elle a
duré, les difficultés qu'elle a rencontrées, les cri-
tiques qu'elle a soulevées. Ces faits sont connus, ces
chiffres à la portée de tous. On n'en est pas moins
fier de la puissance française dans l'Afrique du
Nord. Sans elle, aurions-nous pu agir à Madagascar
et au Congo, en Tunisie et ailleurs? aurions-nous pu
obtenir la reconnaissance de notre zone d'influence
jusqu'au lac Tchad?

Mais ces considérations mêmes sont superflues.
La France a repris ses traditions un moment inter-
rompues; elle a évoqué les grandes figures des
Montcalm et des Dupleix; elle s'est souvenue du
Canada et de l'Inde si légèrement abandonnés sous
Louis XV; elle a voulu reprendre son rang de puis-

---

[1] Voir J. CHAILLEY, *Paul Bert au Tonkin.*

sance coloniale et civilisatrice. Qui donc oserait l'en blâmer? Les succès qu'elle a rencontrés dans ce noble réveil sont une revanche de l'affaire d'Égypte et déjà une consolation à d'autres désastres.

Cependant la politique coloniale sera toujours impopulaire. Pour qu'une chose plaise au peuple, il faut qu'il la comprenne et qu'elle soit au niveau de son intelligence. Les bataillons scolaires, les discours de M. Déroulède, les contes à dormir debout sur le péril clérical, voilà ce qui l'émeut, le charme ou l'épouvante. Longtemps encore il se fera tuer plus volontiers pour venger la mésaventure d'un Schnœbelé quelconque que pour conquérir des pays enchantés. A qui la faute, sinon à ceux qui devraient l'instruire et ne font que l'égarer?

Quant à M. Jules Ferry, il lui appartient de méditer les paroles que prononçait en mourant le ministre hollandais Thorbecke : « On n'est pas aisément populaire quand on n'a pas les défauts de sa nation ! »

# VI

J'ai dit toute ma pensée. Sans chercher à dissimuler aucune des faiblesses de la République, je crois avoir prouvé, en quatre grandes lignes principales, qu'un rapprochement avec elle serait, pour les dissidents, un acte honorable, sage, habile et réparateur.

Honorable, car l'engagement solennel a été pris par leurs chefs de se soumettre à la volonté nationale; et ils ne sauraient y faillir sans perdre quelque chose de cette confiance et de cette estime que leur avait méritées la loyauté de leur caractère;

Sage, car c'est une folie de s'entêter contre l'évidence, et il paraît démontré que tout espoir de restauration dans ce pays est une chimère;

Habile, car on ne peut arrêter le cours des événements, et puisque fatalement l'union doit un jour se faire, c'est un acte d'intelligence de devancer cette heure fatidique et de prendre la tête d'un mouvement en avant;

Réparateur enfin, car, par une pression permanente et raisonnée, les honnêtes gens de tous les partis parviendraient à ramener nos gouvernants sur un terrain plus modéré, et à faire enfin cet apaisement que tout le monde invoque et préconise en paroles, mais que nul n'a le courage de mettre en action.

J'ajouterai que, pour la génération nouvelle, cette ligne de conduite est un devoir de patriotisme. On a dit que l'Église ne doit jamais être avec les partis vaincus[1]. Cette thèse, douteuse pour l'Église, ne l'est pas pour les jeunes Français qui ont à peine le droit d'user leur vie dans l'attente ou la défense d'une cause d'avance perdue. « Qui n'accepte pas l'époque dans laquelle il vit, ses obligations, ses luttes, ses dangers, n'aime pas suffisamment, n'aime pas complètement sa patrie. N'aimer son pays que dans les temps qui ne sont plus ou dans les temps qui ne sont pas encore, c'est amoindrir les forces qu'on doit tenir à son service. Le siècle où nous vivons est simplement le cadre dans lequel Dieu renferme nos devoirs, la carrière qu'il ouvre et impose à nos vertus[2]. »

---

[1] C. Conestabile, *L'Aurora, passim*. Guichardin avait dit avant lui : « Pregate Dio sempre di trovare dove si vince. »

[2] Comte de Falloux, *Discours et mélanges politiques*, t. I, p 376.

Voilà le devoir des conservateurs : quel est celui des républicains?

M. de Freycinet va nous répondre. « C'est à vous, républicains, a-t-il dit, de faire aujourd'hui les avances : c'est à vous *de ménager, de respecter la susceptibilité des autres partis.* Ils viennent à nous; mais ce n'est pas assez : il faut aller à eux en faisant la moitié, les trois quarts, et s'il le faut, la *totalité du chemin* [1]. »

Si telles sont les idées de M. le président du Conseil; si, pour son compte personnel, il les met à exécution, pourquoi, étant chef du gouvernement, ne les impose-t-il pas à l'armée de fonctionnaires, d'employés, à tous ceux, en un mot, qui dépendent de lui? Les conservateurs n'en demandent pas tant même. Mais ils demandent quelque chose, et l'on ne saurait vraiment attendre d'eux qu'ils fassent spontanément leur soumission au moment où la loi militaire leur apporte un nouveau défi, une nouvelle blessure, en abaissant, en privant de ses minces privilèges la seule aristocratie restée encore debout : celle de l'intelligence.

Puisse toutefois ce jour de la réconciliation nationale luire bientôt sur notre pays!

Pour moi, j'ai écrit ces pages sans nulle arrière-

---

[1] Paroles rappelées à la tribune par M. Paul Deschanel, dans la séance du 19 mai 1890.

pensée. Comme je l'ai déclaré en débutant, j'ai seulement voulu donner un corps à mes méditations, me convaincre moi-même qu'elles pouvaient tenir sur pied par un raisonnement serré, et les communiquer à mes concitoyens pour qu'ils puissent en faire, au besoin, leur profit. Je ne me fais, du reste, aucunement l'illusion qu'on en tiendra compte ou qu'elles changeront la moindre chose aux événements. Longtemps encore les partis prolongeront leurs luttes, stériliseront leurs forces, entretiendront leurs haines, déchaîneront leurs passions; longtemps encore on croira les violents les plus nombreux, parce qu'ils feront le plus de bruit; longtemps encore les hommes d'État écouteront les flatteurs plutôt que les sages, et passeront au pouvoir sans en profiter pour faire de grandes choses. O France, ma patrie! Dieu veuille qu'alors, à la faveur du trouble croissant et de la lassitude générale il ne fonde pas sur toi quelque nouvelle catastrophe, pour te faire payer bien cher ton aveuglement, et interrompre une fois de plus, par un réveil néfaste, ton rêve de bonheur!

Maison-Maugis (Orne), janvier 1891

# PARIS

TYPOGRAPHIE DE E. PLON, NOURRIT ET Cⁱᵉ

Rue Garancière, 8.

www.ingramcontent.com/pod-product-compliance
Lightning Source LLC
Chambersburg PA
CBHW070934280326
41934CB00009B/1869